Aphorismen

SOZUSAGEN

Ernst Ferstl

© 2020 Ernst Ferstl

Herstellung und Verlag: BoD – Books on Demand,
                         Norderstedt, 2020

Copyright Aphorismen: Ernst Ferstl
                        www.gedanken.at

Layout: Angelika Ferstl

ISBN: 9783749487226

Für die wichtigen Dinge im Leben
sollten wir uns viel Zeit nehmen,
aber nicht zu viel Zeit lassen.

⊿⊾

Dass die Unzufriedenen
mit den Zufriedenen
unzufrieden sind, liegt
in der Natur der Sache.

⊿⊾

Auf uns fliegen können viele,
bei uns landen nur wenige.

⊿⊾

Achtsame Menschen
achten auch auf das
von vielen Unbeachtete.

Der Heiligenschein

gehört zu den Scheinheiligen

wie der Schatten zum Licht.

⊰⊱

Wenn man einander gut versteht,

hat man auch viel Verständnis

füreinander.

⊰⊱

Zu einem bunten Leben

gehört auch,

dass man gelegentlich

sein blaues Wunder erlebt.

⊰⊱

Fragen fördern das Denken,

Antworten das Nachdenken.

Je älter, desto genauer

weiß man,

was man nicht will.

Über Gott und die Welt

redet es sich leichter

als über sich.

Scheinheilige sind meistens

gar nicht so harmlos

wie sie scheinen.

Für fröhliche Herzen

macht das Glück

gerne Überstunden.

Zur Erinnerung:

Auch die Gesundheitspflege

von innen

ist äußerst wichtig.

Es ist verdammt schwer,

in sich zu gehen,

wenn man außer sich ist.

In einem guten

und offenen Gespräch

bleibt man sich

keine Frage schuldig.

Zuneigung wertet uns auf,

Abneigung wertet uns ab.

Wenn es

glückliche Zufälle gibt,

gibt es auch unglückliche.

ᵥ◄►ᵥ

Ein Freundeskreis

mit Ecken und Kanten kann

rundum glücklich machen.

ᵥ◄►ᵥ

Der Zeitgeist bietet uns

jede Menge Vergnügungen,

aber wir sollten uns

nicht alles bieten lassen.

ᵥ◄►ᵥ

Viele bleiben auf der Strecke,

weil sie Angst haben,

sich zu verlaufen.

Wer Naheliegendes

übersieht,

verliert es aus den Augen.

◣◢◥

Vorurteile täuschen

Vorteile vor.

◣◢◥

Zu manchen Entscheidungen

muss man stehen,

auch wenn niemand mehr

hinter einem steht.

◣◢◥

Mitleid ist menschlich,

Mitfreude ist göttlich.

Ärger ist einer der ärgsten

Energieverbraucher

und Energieverschwender.

᠆᠆᠆

Ansichten haben viel

mit unserem Kopf zu tun,

Einsichten viel

mit dem Herzen.

᠆᠆᠆

Auch wer in sich geht,

kann sich verirren.

᠆᠆᠆

Was uns Lust bereitet,

will wiederholt werden.

Vorbeter klagen,

dass es immer weniger

Nachbeter geben würde.

⊿⊿⊾⊿

Die sagen, dass sie es

gut mit uns meinen,

meinen es oft gar nicht so.

⊿⊿⊾⊿

Gute Gespräche leben

nicht nur von Worten.

⊿⊿⊾⊿

Wir sollten uns nur etwas

in den Kopf setzen,

wenn uns viel daran liegt.

Ist alles gesagt, braucht

man sich kein Blatt mehr

vor den Mund zu nehmen.

In einer Überflussgesellschaft

ist die Maßlosigkeit

das Maß aller Dinge.

Wer in sich geht,

darf nicht erwarten,

dass dort jemand

auf ihn wartet.

Wer auf der Strecke bleibt,

hat sein Ziel verfehlt.

Wer immer sein Bestes

geben will, gibt manchmal

des Guten zu viel.

⊿

Mit dem Kopf durch die Wand

zu wollen, ist ein deutlicher Hinweis

auf einen gröberen Dachschaden.

⊿

Manchmal fragt man sich:

War das ein Versprechen

oder war es ein Versprecher?

⊿

Einfühlungsvermögen

macht das Leben

nicht leichter,

aber um vieles reicher.

Nicht alles,

was wir wahrnehmen,

wollen wir auch wahrhaben.

◄▲►

Wer gut geerdet ist,

kann mit Höhenflügen

besser umgehen.

◄▲►

Viele geübte Negativdenker

sind nebenberuflich auch

äußerst talentierte Schwarzmaler.

◄▲►

Freiwilliges Schweigen verbindet,

erzwungenes Schweigen trennt.

Das Außergewöhnliche
braucht das Gewöhnliche
als Sprungbrett.

⊻◄▲▸

Auch wenn am Stammtisch
viel geredet wird: Es geht
um Nachschenken –
nicht ums Nachdenken.

⊻◄▲▸

Aphorismen eignen sich nicht
für Nichtdenker und Alleswisser.

⊻◄▲▸

Die Genugtuung, genug zu tun
zu haben, genügt noch nicht
für ein erfülltes Leben.

Wer hervorragend sein will,

muss über sich

hinauswachsen können.

Leute mit einem

schlechten Gedächtnis

sind weniger nachtragend.

Die Jungen kennen

die Irrwege besser,

die Alten die Umwege.

Das kreativste und intelligenteste

Satzzeichen ist das Fragezeichen.

Wenn die Zeit drängt,

haben wir uns

zu wenig Zeit genommen.

Es gibt das Gute im Menschen!

Aber wieso kommt es

so selten heraus?

Steht man sich selbst im Weg,

hilft auch der beste Wegweiser

nicht weiter.

Die uns über- oder unterschätzen,

kennen uns nicht gut genug.

Wer etwas unter den Teppich kehrt,

muss lange warten,

bis Gras darüber wächst.

⌐ ◢ ◣ ¬

Ich habe den Verdacht,

dass ich mich schon oft

verdacht habe.

⌐ ◢ ◣ ¬

Umdenken:

Denken für Fortgeschrittene.

⌐ ◢ ◣ ¬

Wo der Menschlichkeit

das Wasser abgegraben wird,

ist es besonders wichtig,

gegen den Strom zu schwimmen.

Je näher wir einander stehen,

desto schneller liegen wir uns

in den Haaren.

▼◄▲►

Einen Menschen kann man

auf Dauer nur lieben,

wenn man ihn

auch gut leiden kann.

▼◄▲►

Wer sich gespreizt

ausdrückt,

reizt zu Widerspruch.

▼◄▲►

Was uns im Leben

Halt gibt, trägt uns.

Selbstverwirklichung

sollte nicht

auf Kosten anderer gehen.

Macht ein Minderwertigkeits-

komplex Karriere, kann er es

bis zum Größenwahn bringen.

In jedem Menschen

steckt etwas Gutes,

aber die Ausnahmeerscheinungen

nehmen zu.

Selbstverständlich

ist im Leben

nichts selbstverständlich.

Wenn in einer Beziehung
nichts mehr läuft, sollte man
einander den Laufpass geben.

⊿

Für verdrängte Gefühle
gibt es kein sicheres Versteck.

⊿

Geht es einem lange zu gut,
besteht die Gefahr,
dass man sich gehen lässt.

⊿

Dass die Dummheit zunimmt,
ist offensichtlich.
Aber gelegentlich hat man
das Gefühl, dass sie
bereits überhandnimmt.

Ein Umweg

ist noch kein Irrweg.

Wer uns nimmt,

wie wir sind,

hat mehr von uns.

Was uns findet,

kann man sich

nicht aussuchen.

Nichts gegen

liebe Gewohnheiten,

aber müssen sie mich

jeden Tag besuchen?

Schöndenker tun sich

mit dem Schönreden

leichter.

Nicht alles, was man

loslassen kann,

wird man auch wirklich

los.

Ist uns etwas viel wert,

muss es sich nicht rechnen.

Für das Vielsagende

sind oft nur wenige Worte

notwendig.

Solange eine Langeweile

kurz ist,

sollten wir uns ruhig

Zeit dafür nehmen.

⏷⏴⏶⏵

Das Unglück klopft nicht an,

es fällt meistens gleich

mit der Tür ins Haus.

⏷⏴⏶⏵

Was wir lange verfolgen,

holt uns irgendwann ein.

⏷⏴⏶⏵

Die Versorgung mit Sorgen

macht uns weniger Sorgen

als deren Entsorgung.

Was man beherrscht,

muss man gar nicht

verstehen.

⌐◄▲►

Die Antworten des Zeitgeistes

werden viel zu selten

in Frage gestellt.

⌐◄▲►

Will man Denken

in Sprache verwandeln,

muss man die Sprache

beim Wort nehmen.

⌐◄▲►

Aus Fehlern, die man

sich nicht eingesteht,

kann man nichts lernen.

Nur gescheite Menschen

können dumme Gedanken

für sich behalten.

⊲⊳

Wer sich gehen lässt,

geht oft zu weit.

⊲⊳

Wer den Ton angibt,

muss gar nicht

musikalisch sein.

⊲⊳

Eine Kränkung muss

nicht krank machen,

aber eine Verletzung

ist es allemal.

Wer leere Versprechungen
macht,

sollte nicht für voll

genommen werden.

⌄◂▸

Ein schönes Leben besteht

nicht nur aus schönen Tagen.

⌄◂▸

Zu den wichtigsten Bauwerken

in unserem Leben

gehören die Brücken,

die wir gebaut haben.

⌄◂▸

Nichtschwimmer bewundern

das Meer mehr.

Wer das letzte Wort hat,

braucht es nicht

auszusprechen.

∨◢◣▷

Manchen Leuten

kann man nicht

ins Gewissen reden –

sie haben keines.

∨◢◣▷

Wer mit jedem Problem

ein Problem hat,

wird selber zu einem.

∨◢◣▷

Ohne den ersten Schritt

geht nichts weiter.

Nimmt man immer alles
auf die leichte Schulter,
verliert das Leben an Gewicht.

◁▲▷

Der glückliche Zufall
hat keine Ahnung davon,
dass er manchmal
auch Unschuldige trifft.

◁▲▷

Gefühle hat jeder Mensch,
Gefühl nur wenige.

◁▲▷

Humor ist ansteckend,
aber leider nur bei jenen,
die bereits Humor haben.

Wo alle hoch hinaus wollen,

geht es drunter und drüber.

᾿᾿᾿

Menschen, die man

gut leiden kann,

sind liebenswürdig.

᾿᾿᾿

Zwei Dummköpfe

bringt man leichter

unter einen Hut

als zwei Denkerköpfe.

᾿᾿᾿

Was man nicht begreift,

bekommt man auch nicht

in den Griff.

Wer mit beiden Beinen

fest im Leben steht,

kann gar nicht

aus allen Wolken fallen.

⌄◂▸

Wer besser Bescheid weiß,

kann mit einer Sache

besser umgehen.

⌄◂▸

Auch Zeiten, in denen es

nicht nach Wunsch geht,

sind wertvoll.

⌄◂▸

Weitblick heißt nicht:

Naheliegendes übersehen.

Das Mittelmaß ist

noch längst nicht voll.

⊿⊾

Im Fasching kann man

die Maske fallen lassen,

ohne dass es auffällt.

⊿⊾

Was sich denken lässt,

lässt sich auch

zur Sprache bringen.

⊿⊾

Manchmal muss man

etwas gelten lassen,

auch wenn man es

überhaupt nicht gutheißt.

Nicht alles,

was man gernhat,

tut einem gut.

Einfühlungsvermögen

ist ein großer

seelischer Reichtum.

Falsche Freundlichkeit

ist richtig bösartig.

Jeder Lebensabschnitt

hat seine Sonnen-

und Schattenseiten.

Wenn im Leben alles

lange Zeit rund läuft,

sollte man schauen,

ob man sich nicht

im Kreis dreht.

▼◢◣▶

Wer keine Erwartungen hat,

auf den wartet nur x-Beliebiges.

▼◢◣▶

Erzwungene Nähe

trennt.

▼◢◣▶

Manchmal

ist es schwieriger,

etwas nicht zu tun.

Gewisse Gedanken

sind nicht lange haltbar —

sie wollen uns nur kurz

durch den Kopf gehen.

Manche Leute sind

viel leichter zu ertragen,

wenn man sie auf den Arm

und die leichte Schulter nimmt.

Die auf dem hohen Ross sitzen,

fühlen sich zu Höherem berufen.

Weil man nur mit dem Herzen

gut sieht, sehen viele Menschen

schlecht.

Viele Gespräche

werden nur geführt,

um im Gespräch zu bleiben.

◁▲▷

In sich zu gehen

garantiert noch nicht,

dass dabei etwas Gescheites

herauskommt.

◁▲▷

Sehnsucht macht

das Herz weich.

◁▲▷

Was nicht in Frage

gestellt werden darf,

gehört hinterfragt.

Verspielte Menschen

sind immer

für Überraschungen gut.

Eine Selbsttäuschung beginnt oft

mit einer Selbstüberschätzung.

Manchmal möchten wir

es gut sein lassen,

aber man lässt uns nicht.

In der Schule des Lebens gibt

es viel Anschauungsunterricht -

vor allem, wie man es

nicht machen sollte.

Was sich von selbst versteht,

braucht man nicht zu verstehen.

⏷◂▸

Wer oft an die Decke geht,

sollte nicht glauben,

über den Dingen zu stehen.

⏷◂▸

Die Gewerkschaft

der inneren Schweinehunde

fordert ein lebenslanges

Wohnrecht.

⏷◂▸

Was wir uns

von Herzen wünschen,

findet seinen Weg zu uns.

Aus Erfolgen lernen

ist viel schöner

als aus Fehlern.

Etwas Leichtsinn

macht das Leben

etwas leichter.

Der Fortschritt hat keinen

Rückwärtsgang,

er kann aber manchmal

nach hinten losgehen.

Die wir links liegen lassen,

liegen uns nicht wirklich.

Ein bisschen Spaß darf sein!

Dafür stehe ich

mit meinem Vornamen.

▿◁▹▵

Eigentlich kann

das eigentliche Leben

nur das eigene sein.

▿◁▹▵

Mit dem, was uns langweilt,

sollten wir uns höchstens

kurz aufhalten.

▿◁▹▵

Hinter der Unverfrorenheit

mancher Leute steckt

eiskalte Berechnung.

Rohe Eier schälen wollen,

ist auch nicht

das Gelbe vom Ei.

⊿⊿⊾⊿

Es gibt Menschen,

die haben das gewisse Etwas -

und Menschen, die haben

das gewisse Nichts.

⊿⊿⊾⊿

Der Egoismus mancher Leute

würde locker

für ein Dutzend reichen.

⊿⊿⊾⊿

Es ist nicht alles schlecht,

was nicht gut ist.

Im Spiel des Lebens

sind wir zeitweise Spieler,

aber gelegentlich

auch Spielball oder Spielzeug.

Es gibt Aufgaben im Leben,

die sind nur sinnvoll,

wenn man nicht aufgibt.

Macht lässt sich dosieren,

aber nicht immer

beherrschen.

Gefühle wissen nicht,

was sie anrichten können.

Die Welt

ist voll von Leuten,

deren Hirn voll leer ist.

Wer viel verspricht,

verspricht sich oft.

Wissen verliert an Macht,

je mehr Mitwisser

es gibt.

Ein Minderwertigkeitskomplex

ist leichter zu behandeln

als ein Größenwahn.

Wer sich nach den anderen

richtet, muss oft

die Richtung wechseln.

　　　◄◄►►

Soll sich das Blatt noch wenden,

darf man sich kein Blatt mehr

vor den Mund nehmen.

　　　◄◄►►

Anpassung verlangt Ordnung.

Ordnung verlangt

Unterordnung.

　　　◄◄►►

Gedankenlosigkeit

ist geistige Immunschwäche.

Aphorismen sind

verlängerte Kurzschlüsse.

◿◺◹◸

Dass die Vergnügungsindustrie

wächst,

ist kein Anlass zur Freude.

◿◺◹◸

Wird die Abwechslung

zur Sucht,

verliert sie ihren Sinn.

◿◺◹◸

Tun, was einem

glücklich macht!

Dann hat man

genug zu tun!

Man muss

gar nicht immer siegen,

um ein Gewinner zu sein.

⊿⊿⊾⊿

Schön:

Wenn ich in mich gehe,

suche ich mich heim.

⊿⊿⊾⊿

Wer viel und schnell isst,

betreibt Breitensport.

⊿⊿⊾⊿

Das Maß fürs Maßhalten

hat eine große Bandbreite.

Um jene, die uns unsere
Geradlinigkeit krummnehmen,
macht man am besten
einen großen Bogen.

＞▲◣ ◢

Was wir uns lange nachtragen,
verfolgt uns.

＞▲◣ ◢

Den richtigen Umgang
mit der Zeit lernt man erst
mit der Zeit.

＞▲◣ ◢

Wenn man sich gehen lässt:
Kommt man dann schneller
zu sich?

Der Weg zur Liebe
führt über das Vertrauen.

᠄ ◢ ◣ ᠈

Wer bei anderen
Achtung genießen darf,
sollte diesen Genuss
zu schätzen wissen.

᠄ ◢ ◣ ᠈

Wenn Herz und Hirn
zusammenarbeiten,
kann etwas ganz Besonderes
entstehen.

᠄ ◢ ◣ ᠈

Liebenswerte und
liebenswürdige Menschen
leben die Liebe.

Fantasievolle Gedanken
beflügeln.

◥◣◢◤

Will man auf andere
Gedanken kommen,
muss man ihnen
auf die Sprünge helfen.

◥◣◢◤

Man muss kein Jäger sein,
um einen Bock zu schießen.

◥◣◢◤

Gute Verlierer werden oft
mit einem Trostpreis
abgespeist.

Der gesunde Menschenverstand

schwimmt gerne gegen den Strom,

weil er weiß,

dass das sehr gesund ist.

*

Wenn wir auf die Gesundheit

anderer trinken wollen,

wäre ein Glas Wasser

das Gesündeste.

*

Fehlen die Worte,

braucht man viele Wörter.

*

Regeln machen die Ausnahmen

berechenbarer.

Leichtsinn ist leicht,

Leichtigkeit schwer.

︾ ◢ ◣ ︽

In der Stille kann

auch die Sprachlosigkeit

zu Wort kommen.

︾ ◢ ◣ ︽

Schreiben entlastet

das Denken.

︾ ◢ ◣ ︽

Wer reinen Tisch machen will,

indem er alles

unter den Teppich kehrt,

ist auf dem Holzweg.

Maßlosigkeit hat

eine enorme Bandbreite.

▼◄►

Humor ohne

einen gewissen Grad

an Ernsthaftigkeit

ist lächerlich.

▼◄►

Zu geben ist oft leichter

als zu empfangen.

▼◄►

Ein erreichtes Ziel

ist auch

ein Geschenk des Weges.

Ist uns jemand vertraut,

stimmt das Vertrauen.

Offene Worte, die keine

offenen Ohren finden,

sind nicht der Rede wert.

Manchmal muss man

seine Stimme erheben,

damit man nicht

auf seiner eigenen Meinung

sitzen bleibt.

Am Meer und auf den Bergen

ist man dem Himmel

ein kleines Stück näher.

Wer sich mit fremden Fehlern

schmückt,

will die eigenen Fehler zudecken.

⊿⊾

Viele, die auf dem hohen Ross

sitzen, sind Sitzenbleiber.

⊿⊾

Zeitgenossen, von denen man

die Nase voll hat,

kann man nicht mehr

riechen.

⊿⊾

Bleibt alles beim Alten,

sieht die Zukunft

ziemlich alt aus.

Wer in seinem Leben

oft zu kurz kommt,

kommt nicht weit.

◄▲►

Wer sich ins Vergnügen

stürzen will,

sollte die Sturzgefahr

nicht unterschätzen.

◄▲►

Wenn der Druckfehlerteufel

Amok läuft, macht er die USA

zur SAU.

◄▲►

Langsamkeit

gibt uns das Gefühl,

Zeit zu haben.

Manche Leute

glauben alles,

was ihnen recht ist.

‎⊿▸

Was oder wen man

liebgewonnen hat,

möchte man

nicht mehr verlieren.

‎⊿▸

Die Stille spricht für sich,

wird aber oft überhört.

‎⊿▸

Ein Gang durch die Natur

bringt unsere Natürlichkeit

in Gang.

Wer nicht

mit der Zeit geht,

dem läuft sie davon.

Ich mag Gedanken,

die mir zu denken

geben.

Ich fasse mich kurz –

ich habe schließlich

lange genug nachgedacht.

Wenn einem die Wahrheit

nicht gefällt, deckt man sie

am einfachsten mit dem

Mantel des Schweigens zu.

Manchmal sollte man

auch das, was man

nicht lassen kann,

lassen.

⊻◿◣⊾

Lieber gar nicht

verstanden werden,

als falsch.

⊻◿◣⊾

Erlesene Wahrheiten muss man erst

in die Sprache des Lebens

übersetzen.

⊻◿◣⊾

Menschen, die mehr Antworten

als Fragen haben,

sollte man oft in Frage stellen.

Dass wir vom Affen abstammen,

darf keine Entschuldigung

für unser Verhalten sein.

⌄⌃⌃⌃

Der Weg ins Aus ist meistens

kein Ziel führender Ausweg.

⌄⌃⌃⌃

Wir dürfen hoffen,

dass alles gut wird,

wenn wir fest daran glauben

und unser Bestes geben.

⌄⌃⌃⌃

Schutzbehauptung:

Ich bin wie ich bin.

Wenn das Gehirn

nichts zu denken hat,

kommt es leicht und schnell

auf dumme Gedanken.

◢◣

Wer zu viel gehört hat,

hat zu wenig zugehört.

◢◣

Anständige Menschen wissen,

wie man Abstand hält.

◢◣

Was wir gerne sehen,

lächelt uns an.

„Ich bin wie ich bin!"

„Das sieht dir ähnlich!"

⌁

Kommt man mit dem Denken

nicht mehr weiter,

sollte man versuchen,

weiter zu denken.

⌁

Manche vergessen oft

zu überlegen,

was sie nicht sagen sollten.

⌁

Hat man sich

nichts mehr zu sagen,

kommt das Zuhören

zu spät.

Horizonterweiterung:

Ich bin nicht nur ICH,

ich bin auch DU und WIR.

◥◣◤

In unserer Nähe stehen

können viele,

uns nahestehen

nur wenige.

◥◣◤

Wer viel Gutes tut,

darf nicht erwarten,

dass alles vergütet wird.

◥◣◤

Nicht alles, was uns

durch den Kopf geht,

findet den Ausgang.

Ein einziger Gedankenblitz

kann ein Ideenfeuerwerk

zünden.

▼◄►▼

Wenn einem Armleuchter

ein Licht aufgeht,

brennt er durch.

▼◄►▼

Gefühlsarmut entsteht,

wenn jemand das Gefühl

für seine Gefühle verliert.

▼◄►▼

Eine besonders beliebte

Form der Lebenslüge

ist die Liebeslüge.

Wer uns täuscht, nur um

uns nicht zu enttäuschen,

meint es nicht gut mit uns.

▽ ◁ ▷ ▷

Wo kann man Leute,

mit denen man sich

nicht abgeben will,

eigentlich abgeben?

▽ ◁ ▷ ▷

Sinnfindung ist keine

Spaßangelegenheit.

▽ ◁ ▷ ▷

Was einen großen Reiz

auf uns ausübt,

hat leichtes Spiel mit uns.

Wer zu viel

auf die leichte Schulter nimmt,

hat schwer zu tragen.

Manche reden erst

frei von der Leber weg,

wenn ihr Alkoholpegel

hoch genug ist.

Im Alter wird man

nicht anders,

man wird sich ähnlicher.

Humor haben heißt nicht,

dass man überall und immer

mitlacht.

Wer seinen eigenen Weg geht,

braucht nicht immer

nach allen Seiten zu schauen.

⏴⏵

Viele Menschen lassen

die Kirche im Dorf,

wenn sie in die Stadt ziehen.

⏴⏵

Liebgewonnene Gewohnheiten

können süchtig machen.

⏴⏵

Wer sich

zu viele Freiheiten

herausnimmt,

nimmt sie

anderen weg.

Gemischte Gefühle

sind wenigstens ehrlich.

Wir sollten

zu unserem Wort stehen,

auch wenn uns das

manchmal auf den Kopf fällt.

Mit ihrem Denkvermögen

sind mehr Menschen zufrieden

als wie mit ihrem Geldvermögen.

Was uns nicht

aus dem Kopf geht,

geht im Kreis.

Wer immer nur die Mittelwege geht,

muss sich mit einem mittelmäßigen

Leben zufriedengeben.

⊿⊾

Das Leben geht seinen Gang,

und trotzdem läuft manchmal

etwas schief.

⊿⊾

Auch wer mit seinem Kopf arbeitet,

kann sich seine Hände

schmutzig machen.

⊿⊾

Wer in sich selbst zu Hause ist,

fühlt sich wohl

in seiner Haut.

Wer ein dickes Fell hat,

lässt sich nicht so leicht

einwickeln.

Aus der Perspektive eines

Betroffenen ändert sich

der Blickwinkel.

Eine gezeigte Zu- oder Abneigung

ist immer persönlich gemeint.

Sich eine

liebgewonnene Gewohnheit

abzugewöhnen, ist eine

außergewöhnliche Leistung.

Je größer die Liebe,

desto höher

die Wertschätzung.

Weiterdenken kann

die Gedankenwelt

vergrößern.

Gute Menschenkenntnis

bedeutet für manche Leute

nichts Gutes.

Manchmal sollte man sich

statt Sorgen

lieber Gedanken machen.

Tagträume brauchen

keinen Schlaf.

⊼◂▸

Es ist schwer,

sich einen Gedanken

aus dem Kopf zu schlagen,

wenn er dort bereits

Wurzeln geschlagen hat.

⊼◂▸

Die jeweilige Mode

verkörpert den Zeitgeist.

⊼◂▸

Die menschliche Dummheit

und die Geldgier sind für die

Klimakatastrophe mitverantwortlich.

Es tut gut,

sich ab und zu

etwas zu schenken.

*

Die Verwendung großer Worte

bietet eine große Angriffsfläche.

*

Wer ein glückliches Leben

führen will,

darf sich nicht

aufs Glück verlassen.

*

An Jahren jung zu sein,

schützt nicht

vor altmodischem Denken.

Menschen, die ihren Kopf
zu schnell und zu oft
in den Sand stecken,
sollte man in die Wüste
schicken.

Manche Dummheiten sind kreativ,
die meisten aber lediglich kreatief.

Die Lebenszeitstehler
warten jeden Tag auf einen
für sie günstigen Augenblick.

Charismatische Persönlichkeiten
haben einen Vogel,
einen Lockvogel.

Auch Nichttänzer können

aus der Reihe tanzen.

◄◄▲►

Ist das Eis erst

einmal gebrochen,

kann man sich leichter

füreinander erwärmen.

◄◄▲►

Was redselige Menschen

erzählen, ist oft

nicht der Rede wert.

◄◄▲►

Ist man weg vom Fenster,

ist es zu spät,

mit der Tür ins Haus zu fallen.

Wenn wir liebe Menschen

in unser Herz schließen,

sollten wie ihnen schon zeigen,

wo der Schlüssel hängt.

Wir sollten es uns

zur Gewohnheit machen,

alte Gewohnheiten gelegentlich

durch neue zu ersetzen.

Schöne Träume

machen mutiger.

Eine extreme Form

des Schönredens ist

das Zurechtlügen.

Wer alle überflügeln will,

muss immer wieder einmal

Federn lassen.

∇⊿▷

Will man manche Leute

beim Wort nehmen,

nehmen sie schnell Reißaus.

∇⊿▷

Im Wort „gaffen"

steckt nicht umsonst

das Wort Affen.

∇⊿▷

Wer sich überschätzt,

schießt oft übers Ziel

hinaus.

Wer sich für nichts mehr

erwärmen kann, zeigt dem Leben

die kalte Schulter.

Gegenreaktion:

Die uns Sand in die Augen

streuen wollen, sofort

in die Wüste schicken!

Machthungrige Menschen

kennen keine Fastenzeit.

Was sich wirklich

von selbst versteht,

braucht man gar nicht

verstehen.

Menschen sind gar nicht

so gescheit

wie Affen denken.

⎯ ◢ ◣ ⎯

Weise Menschen

bilden sich nicht ein,

weise zu sein.

⎯ ◢ ◣ ⎯

Andere

für dumm zu verkaufen

ist heutzutage auch eine Möglichkeit,

schnell reich zu werden.

⎯ ◢ ◣ ⎯

Wenn die Ausstrahlung

außergewöhnlich ist,

ist das Aussehen nebensächlich.

Mit den Rosinenpickern

ist es nicht gut Kirschen

essen.

⊻⊿⊾⊵

Anerkennung

spendet Kraft.

⊻⊿⊾⊵

Manche Gedanken

wird man nur los,

wenn man sie ausspricht

oder aufschreibt.

⊻⊿⊾⊵

Zeit stehlen kann man sich

auch selber.

Was uns die Sprache verschlägt,

ist immer der Rede wert.

⌐◢◣¬

Wir denken zu wenig

an die Folgen

unseres Denkens.

⌐◢◣¬

Stille erhöht

die sinnliche

Wahrnehmung.

⌐◢◣¬

Was sein soll,

braucht man nicht

bekämpfen.

Die Stille kann uns

viel erzählen,

wenn wir ihr

Zeit und Raum geben.

⌄◂▸

Was zählt,

muss sich nicht rechnen.

⌄◂▸

Die Sinnlichkeit

ist das A und O

der Gefühle.

⌄◂▸

Hobbyidioten machen

den Fachidioten immer mehr

Konkurrenz.

Wer das Geld

heiligspricht,

begeht ein kapitales

Verbrechen.

⌐◣◢⌐

Was ihre Mittelmäßigkeit

betrifft, sind viele Leute

ziemlich extrem.

⌐◣◢⌐

Dürfen wir Menschen,

die nichts von uns halten,

einfach fallen lassen?

⌐◣◢⌐

Alte Vorurteile

sind lange haltbar.

Die Antwort „vielleicht"

hat zwei Bedeutungen:

vielleicht ja oder vielleicht nein.

⌐◢◣⌐

Wer seiner Zeit voraus ist,

muss länger

auf den Zug warten.

⌐◢◣⌐

An und für sich ist das

An-sich-Glauben etwas Gutes,

aber es wäre gut, trotzdem

weiter an sich zu arbeiten.

⌐◢◣⌐

Auch eine Zielvorgabe:

sich selbst nicht

im Weg stehen.

Wenn Männer von Gefühlen

übermannt werden,

ist meistens eine Frau im Spiel.

￼

Wer andere nie enttäuschen

will, muss sie manchmal

täuschen.

￼

Ein Stein, der uns vom Herzen

fällt, kann trotzdem noch

zu einem Stolperstein werden.

￼

Wer die Wahrheit

verdrehen will,

muss sie besonders gut

kennen.

Der Umgang mit Dummköpfen

verlangt intelligente Lösungen.

⌁

Wenn immer alles

in Ordnung wäre,

bliebe nichts mehr zu tun.

⌁

Es gehört zu unserem Lebenslauf,

dass in unserem Leben

nicht immer alles so läuft,

wie wir es uns wünschen.

⌁

Wenn wir etwas einsehen,

sieht eine Sache oft

gleich ganz anders aus.

Manchen Leuten steht es

ins Gesicht geschrieben,

dass sie Maskenträger sind.

◁▲▷

Die Sprache

hängt am Wort.

◁▲▷

Wollen wir irgendwo

dazugehören,

müssen wir tun,

was sich dort gehört.

◁▲▷

Bedenken kann man nur,

worüber man sich Gedanken

machen kann.

Von Menschen,

die zwar einen Denkapparat,

aber kein Hirn haben, darf man sich

keinen gesunden Menschenverstand

erwarten.

︾△▹

Sprache ist wie Luft,

Schreiben und Lesen

wie Atmen.

︾△▹

Maßlosigkeit

ist eine Anmaßung.

︾△▹

Gedanken, die uns beherrschen,

wissen, wie sie uns

etwas einreden können.

Ratgeber nehmen

nur ungern etwas zurück.

◁▷

Manchmal muss man

die Augen schließen,

wenn man einen Überblick

gewinnen will.

◁▷

Man braucht im Leben Menschen,

die einen erden und Menschen,

die einem Flügel wachsen lassen.

◁▷

Ein durchwegs

vernünftiges Ziel:

sich gewisse Wege sparen.

Wer nach den Sternen greift,

verbrennt sich an der Sonne.

◥◣◢◤

Will uns jemand

auf die Zehen steigen,

empfiehlt es sich, sich schnell

auf die Socken zu machen.

◥◣◢◤

Nichtwissen braucht man

wenigstens nicht lernen.

◥◣◢◤

Wer Wichtiges

sagen will,

sollte weniger reden.

Wer aus dem Leben heraus

schreibt, braucht kein Thema.

⌐◣◥¬

Ich bin sparsam mit Worten,

nicht aber mit meinen Gedanken.

⌐◣◥¬

Richtigstellung:

Jesus wollte keine Nachahmer,

sondern Nachfolger;

keine Würdenträger,

sondern Kreuzträger.

⌐◣◥¬

Hinter einer Ansicht steckt oft

eine bestimmte Absicht.

Wer auch nur einen Funken

Verstand hat, weiß,

dass man Strohköpfe

nicht anfeuern darf.

▼◄►

Leute, die uns verheizen

wollen, sollte man sofort

feuern.

▼◄►

Senkrechtstarter

sind anfällig

für Bauchlandungen.

▼◄►

Manchmal ist es vernünftiger,

das letzte Wort für sich

zu behalten.

Was uns zu denken gibt,

belebt unseren Geist.

◄◄▲►►

Dankbarkeit macht

aus dem Dasein

ein Dasein-Dürfen.

◄◄▲►►

Geizige Menschen

sind leider meistens

auch ziemlich ehrgeizig.

◄◄▲►►

Sich zu verändern,

ist um einiges leichter,

als sich zu ändern.

Wir können an Problemen
wachsen, solange sie uns nicht
über den Kopf wachsen.

◁▽▷

Wo einem das Lachen
vergangen ist,
sollte man lieber
nicht mehr hingehen.

◁▽▷

Die uns liegen,
stehen uns einfach näher.

◁▽▷

Was man unbedingt
besitzen muss,
besitzt einen.

Wer sich selbst im Weg steht,

verliert sein Ziel

aus den Augen.

Eine Niederlage kann auch

eine Generalprobe

für einen Erfolg sein.

Wer nicht zur Wahl geht,

wählt das größere Übel.

Ist man unglücklich,

tut man sich im Umgang

mit glücklichen Menschen

echt schwer.

Wir sollten uns nie
vorschreiben lassen,
was wir zu tolerieren haben
und was nicht.

◤◢◥

Denen, die uns übers Ohr
hauen wollen, dürfen wir
kein Gehör schenken.

◤◢◥

Eine Ehe kann auch ohne
Ehebruch auseinanderbrechen.

◤◢◥

Es ist besser, zu tun,
was man kann -
als zu tun, was man
nicht lassen kann.

Eine Einbahnstraße

schützt nicht

vor Gegenwind.

◁▲▷

Liebende haben sich immer

etwas zu sagen – es müssen

ja nicht immer Worte sein.

◁▲▷

Wie es heilende Worte gibt,

gibt es auch heilende Gefühle.

◁▲▷

Bei Menschen, die uns immer

auf die Finger schauen,

sollte man schauen, dass man

ihnen nicht in die Hände fällt.

Sensible Menschen sind nicht nur

empfindsam und empfindlich,

sondern auch feinfühlend

und feinfühlig.

Manche Wörter sind mehrdeutig,

damit wir uns mehr Gedanken

über sie machen.

Wir sollten nie darunter leiden,

dass es Mitmenschen gibt,

die uns nicht leiden können.

Was man nur

vom Hörensagen kennt,

kennt man nur ansatzweise.

Irren ist menschlich,

aber das Herz irrt sich

seltener als das Hirn.

◥◢◤◥

Dass jeder seinen Weg

gehen sollte, heißt nicht,

dass man alle anderen

aus dem Weg räumen muss.

◥◢◤◥

Nicht jeder Gedanke

verdient es,

überdacht zu werden.

◥◢◤◥

Warum nur reden wir uns

öfter etwas ein als aus?

Spätestens wenn man mit
dem Rücken zur Wand steht,
zeigt sich,
ob man Rückgrat hat.

⌐◢◣⌐

Wer glaubt, über den Dingen
zu stehen, übersieht dabei oft
Grundlegendes.

⌐◢◣⌐

Lässt man den Kopf hängen,
hängt alles in der Luft.

⌐◢◣⌐

Gerade die nichts zu sagen haben,
verspüren immer wieder den Drang,
sich zu Wort zu melden.

Bei manchen Leuten

hat man das Gefühl,

dass sie keine

Gefühle haben.

⌐⌐

Wird die Langeweile langweilig,

wird sie zur Zeitverschwendung.

⌐⌐

Wird aus Zuneigung Abneigung,

neigt sich eine Beziehung

dem Ende zu.

⌐⌐

Nicht nur unsere Niederlagen,

auch unsere Erfolge können

gegen uns verwendet werden.

Will man etwas

zur Sprache bringen,

muss man die Gedanken

in Worte fassen.

▼◄▲►

Manche Leute halten sich

für so gescheit,

dass sie sich fürs Denken

zu schade sind.

▼◄▲►

Wer weiß, wo es langgeht,

kommt nur selten zu kurz.

▼◄▲►

Wo einer schlauer ist

als der andere, hat die

Dummheit leichtes Spiel.

Wer aus seinen Fehlern

lernen will, lernt nie aus.

Das Unwesentliche könnte man

getrost vergessen, aber man

merkt es sich wesentlich leichter.

Manchen Leuten

fällt Tag für Tag

nichts Besseres ein,

als über andere

schlecht zu reden.

Wenn Wort und Welt

übereinstimmen, hat

die Sprache Hand und Fuß.

Wer uns nur oberflächlich
kennt, kann uns wenigstens
nicht durchschauen.

Feinfühlige Menschen strecken
ihre Fühler nach außen
und nach innen aus.

Wir sollten nicht allem,
was uns zu Ohren kommt,
Gehör schenken.

Dankbare Menschen
stecken mit der Zufriedenheit
unter einer Decke.

Gefühlte Wertschätzung

ist ein Mehrwertgefühl.

TAN

Wenn ich allein

im Wald spazieren gehe,

komme ich in Begleitung

vieler Gedanken zurück.

TAN

Alles wird gut,

aber das Leben belehrt uns

gelegentlich eines Besseren.

TAN

Gedanken hinterlassen

Spuren im Kopf,

Gefühle im Herzen.

Anpassung

führt zu Angleichung

und Gleichmacherei.

⸙

Wo es nur ums Geld geht,

verliert die Menschlichkeit

ihren Wert.

⸙

Die uns ständig

in den Ohren liegen,

liegen uns nicht

am Herzen.

⸙

Mit einer großen Portion

Ausdauer ist man dem Ziel

bereits ein kleines Stück näher.

Es gibt keine Dummheit,

die man nicht

schönreden könnte.

◁▽▷

Selbstherrliche Männer

wirken irgendwie dämlich.

◁▽▷

Nicht jede Wahrheit,

die man hört, kann man

auch ertragen.

◁▽▷

Wenn uns jemand

den Kopf verdreht,

ist es nur noch

eine Frage der Zeit,

bis wir ihn verlieren.

Leere Worte sind eine

Buchstabenverschwendung.

Sich eine Hintertür offenzulassen,

ist meistens sinnvoller,

als die Brücke

hinter sich abzubrechen.

Sichtbarer Fortschritt:

Die meisten Holzwege

sind bereits asphaltiert.

Die gute alte Zeit

wird jedes Jahr

um ein Jahr jünger.

Manche Leute sind

so schlechte Zuhörer,

dass es eigentlich egal ist,

was man sagt.

▼◄►▲

Zu viel und zu wenig Glück

verfälschen

das Glücksempfinden.

▼◄►▲

Das Leben braucht die Liebe

wie die Erde die Sonne.

▼◄►▲

Am Ende mancher Tage

gibt es zwar viel Erzählbares,

aber nur wenig Zählbares.

Wer das Beste aus sich

machen will,

ist bereits

auf einem guten Weg.

Wer meint, dass es eben

so ist wie es ist,

macht es sich zu leicht.

Neugier macht

erlebnishungrig.

Wer selber denkt,

gibt anderen zu denken.

Manchmal muss man einsehen,

dass ein Vorhaben

ins Auge gegangen ist.

Man sollte nicht immer

alles wissen wollen.

Was man uns glaubt,

ist eine Frage

unserer Glaubwürdigkeit.

Der kleinste gemeinsame Nenner

ist noch nichts Großartiges.

Dass manches schlecht ist
auf unserer Welt, sollte uns
nicht übersehen lassen,
dass es auch viel Gutes gibt.

Wer sich seiner Liebe schämt,
sollte sich schämen.

Querdenker müssen
auch daran denken,
dass ihnen etwas oder jemand
in die Quere kommt.

Denkt man viel nach,
wird man nachdenklich.

Wo es nicht

auf uns ankommt,

haben wir viel Freiraum.

⊿◣◢⊾

Besserwisser wissen

nicht nur alles besser,

sie halten sich auch

für etwas Besseres.

⊿◣◢⊾

Dass man nicht jünger wird,

merkt man auch daran,

dass die alten Gewohnheiten

immer mehr werden.

⊿◣◢⊾

Angepasste Menschen passen

leichter in eine Schublade.

Wenn Dummköpfe

unter sich sind,

ziehen sie

über alle anderen her.

Die Fruchtbarkeit der Dummheit

ist manchmal furchtbar.

Gemeinsame Ablehnung

verbindet nicht weniger

als gemeinsame Zustimmung.

Das Selbstbewusstsein wird oft

überschätzt,

die Selbsttäuschung oft

unterschätzt.

Ein Fortschritt, der

nach hinten losgeht,

ist ein Rückschritt.

◣◤

Nur was uns

am Herzen liegt,

kann uns nahe gehen.

◣◤

Wo nichts heilig ist,

ist nichts viel wert.

◣◤

Es gibt Tage,

da fällt der Glaube

an das Gute im Menschen

unglaublich schwer.

Für Liebende befindet sich

das Paradies

immer in Reichweite.

≈

Dass das Glück oft

längere Pausen einlegt,

ist noch kein Unglück.

≈

Wer sein Herz

an einen herzlosen

Menschen verschenkt,

ist sein Herz los.

≈

Das Eva-Kostüm und

das Adam-Kostüm

kommen nie aus der Mode.

Wer an der Welt leidet,

sollte seine Weltanschauung

überprüfen.

▼◄►

Viele, die andere ausrichten,

haben keine Ahnung davon,

was sie damit anrichten.

▼◄►

Dass man es nicht jedem

recht machen kann,

ist uns bei manchen Leuten

gar nicht so unrecht.

▼◄►

Unvergessliche Augenblicke

sind zeitlos.

Ich denke,

man fühlt mehr

als man denkt.

Gleiches mit Gleichem

zu vergelten ist durch

und durch fantasielos.

Nicht alles,

was wir verlieren,

fehlt uns wirklich.

Das Schönste

an vielen Erlebnissen ist,

dass sie Leben ins Leben

bringen.

Von fragwürdigen Gedanken

dürfen wir uns keine

hilfreichen Antworten erwarten.

⊼⊿⊾⊿

Wenn wir vor der Wirklichkeit

die Augen verschließen,

geht das über kurz oder lang

ins Auge.

⊼⊿⊾⊿

Wärme,

die vom Herzen kommt,

wärmt besser und länger.

⊼⊿⊾⊿

Der Zeitgeist sorgt dafür,

dass gewisse alte Tugenden

aus der Mode kommen.

Denkende Menschen
haften für ihre Gedanken.

◁▷

Auch wenn die Liebe
lange Zeit berauschend wirkt,
irgendwann wird man
nüchtern.

◁▷

Wissen
spielt keine Rolle,
sagen die Dummen.

◁▷

Ballast, den man
nicht los wird,
wird zu einer Belastung.

Herzensgute Menschen sind

für alle da,

aber nicht für jeden.

⊲⊳

Was uns den Humor kostet,

ist immer zu teuer.

⊲⊳

Wo unsere Sprache zu Ende ist,

ist auch mit unserem Denken

Schluss.

⊲⊳

Den Glauben,

dass uns im Leben

etwas geschenkt wird,

können wir uns schenken.

Was wir verstehen,

ist wichtiger

als wir wissen.

⊿⊿⊿

Dass alles seine Zeit hat,

gilt auch für den Augenblick

und die Ewigkeit.

⊿⊿⊿

Glück und Unglück

sprechen

verschiedene Sprachen.

⊿⊿⊿

Globalisierung ist nicht immer

etwas Gescheites, es gibt auch

so etwas wie

eine globale Dummheit.

Wer ehrlich zu uns ist,

ist auch

vertrauenswürdig.

◁◅▷

Unsere Sprache

hat nur 26 Buchstaben,

aber unendlich viele Wörter.

◁◅▷

Was uns leicht zufällt,

ist nur schwer richtig

einzuschätzen.

◁◅▷

Wer keine Zeit hat,

hat auch keine Zeit

für ein schlechtes Gewissen.

Hitzköpfe fühlen sich

in ihrem Element, wenn sie

Feuer schüren können.

●

Ein Zuviel des Guten

bedeutet oft nichts Gutes.

●

Nur wer auf eigenen Beinen

steht, kann einen eigenen Weg

gehen.

●

Wenn etwas Schwieriges

bevorsteht, ist es

gut zu wissen, dass jemand

hinter uns steht.

BUCHTIPP

Herztöne: Gedichte und Gedanken

*Ernst Ferstl, BOD 2020, Hardcover, 124 Seiten,
18 Euro, ISBN: 9783749480296*

NEUE SICHTWEISE

Mit den Augen

der Hoffnung

sehen wir weiter.

Mit den Augen

des Herzens

sehen wir tiefer.

Mit den Augen

der Liebe

sehen wir weiter

und tiefer.

Wertschätzung

ist eine der

schönsten Formen

von Anerkennung.

Unser Herz

lässt uns

deutlich spüren,

wo wir uns

wohlfühlen.

AKTUELLE ERNST FERSTL APHORISMENBÄNDE:

2014: "**Ausgedrückte Eindrücke**", BOD

2015: "**Punktgenau**", BOD

2017: "**Wenn ein Wort sitzt,
        kann man es stehen lassen**", Bellaprint V.

2018: "**Andenken**", BOD

2018: "**Denkwege**", BOD

2019: "**Denkworte**", BOD

2019: "**Übrigens**", BOD

ERNST FERSTL

HP: www.gedanken.at

E-Mail: ernstferstl@aon.at

Geb. 1955 in Neunkirchen (Niederösterreich),
  lebt mit seiner Familie in Zöbern/Bucklige Welt,
  Lehrer an der HS und NMS in Krumbach,
  in Pension.

Schreibt Aphorismen, Gedichte und Kurztexte.

Veröffentlichte bisher mehr als 30 Bücher
  in österreichischen und deutschen Verlagen.